SEO PER PRINCIPIANTI:
GUIDA COMPLETA
PER INIZIARE

CAPITOLI

INTRODUZIONE

Se hai un sito web o un blog, sicuramente avrai sentito parlare del termine SEO. Ma cosa significa esattamente? SEO sta per "Search Engine Optimization" ed è il processo di ottimizzazione di un sito web per i motori di ricerca. Quando si parla di SEO, ci si riferisce principalmente a Google, poiché è il motore di ricerca più utilizzato al mondo.

Essere in grado di fare SEO è importante per qualsiasi proprietario di sito web o blogger, poiché ciò può significare la differenza tra avere un sito web ben posizionato nella classifica dei motori di ricerca o essere completamente ignorato da essi.

Questo libro è stato scritto per aiutare i principianti a capire i fondamenti del SEO e a fornire loro una guida completa per iniziare. Nelle pagine che seguono, scoprirai cosa è il SEO, come funzionano i motori di ricerca, come scegliere le parole chiave giuste, come creare contenuti ottimizzati, come costruire link di qualità, e molto altro ancora.

In questo libro, non ci limiteremo solo ai concetti di base del SEO. Esploreremo anche alcune delle strategie avanzate che possono aiutare a migliorare la tua posizione nei motori di ricerca e a distinguerti dai tuoi concorrenti.

Non è necessario avere una conoscenza tecnica per utilizzare questo libro. Tutto ciò che serve è la volontà di imparare e la motivazione per migliorare la visibilità del tuo sito web. Pronto per iniziare?

INTRODUZIONE A SEO

Il SEO (Search Engine Optimization) è il processo di ottimizzazione di un sito web per i motori di ricerca, come Google, Bing o Yahoo!. L'obiettivo principale del SEO è di migliorare la visibilità di un sito web nella classifica dei risultati dei motori di ricerca. In questo capitolo, esploreremo i concetti di base del SEO e perché è importante.

Perché il SEO è importante?

Quando cerchi qualcosa su Google, sei più propenso a fare clic sui primi risultati che appaiono. Questo è il motivo per cui è importante che il tuo sito web sia tra i primi risultati dei motori di ricerca, poiché ciò aumenta la probabilità che le persone visitino il tuo sito web e diventino tuoi clienti.

Inoltre, quando si tratta di SEO, non è solo la posizione nella classifica dei motori di ricerca a essere importante.

La qualità del traffico è altrettanto importante. Il traffico di qualità si riferisce ai visitatori del sito web che sono effettivamente interessati ai tuoi prodotti o servizi e che possono essere convertiti in clienti. Più alto è il tuo ranking nei motori di ricerca, maggiori sono le probabilità di attirare traffico di qualità al tuo sito web.

Come funziona il SEO?

I motori di ricerca come Google utilizzano algoritmi complessi per determinare quale sito web è più rilevante per una determinata parola chiave. Questi algoritmi prendono in considerazione molti fattori, tra cui la pertinenza dei contenuti, la qualità dei link in entrata e la struttura del sito web.

Ottimizzando il tuo sito web per questi fattori, puoi migliorare il tuo ranking nei motori di ricerca e aumentare la visibilità del tuo sito web.

Quali sono i fattori di ranking del SEO?

Ci sono molti fattori di ranking che influenzano il posizionamento del tuo sito web nei motori di ricerca. Alcuni dei fattori più importanti includono la pertinenza dei contenuti, la qualità dei link in entrata, la struttura del sito web, la velocità di caricamento del sito web e l'esperienza dell'utente.

Per ottimizzare il tuo sito web per i motori di ricerca, dovrai lavorare su questi fattori in modo strategico. Nel prossimo capitolo, esploreremo come funzionano i motori di ricerca e come scegliere le parole chiave giuste per il tuo sito web.

COSA È IL SEO?

Il SEO, acronimo di Search Engine Optimization, è l'insieme delle tecniche utilizzate per migliorare il posizionamento di un sito web nei motori di ricerca. L'obiettivo del SEO è di aumentare la visibilità del sito web sui motori di ricerca, attirare traffico di qualità e convertire i visitatori in clienti.

Il SEO è diventato un aspetto cruciale del marketing digitale, in quanto la maggior parte degli utenti di Internet utilizza i motori di ricerca per trovare informazioni, prodotti e servizi. I motori di ricerca come Google, Bing e Yahoo sono diventati i principali strumenti di ricerca online, con miliardi di ricerche effettuate ogni giorno.

Ci sono due tipi di SEO: SEO on-page e SEO off-page.

Il SEO on-page si riferisce all'ottimizzazione del sito web e dei suoi contenuti. Questo include l'ottimizzazione del titolo della pagina, delle meta tag, dei tag H1, dell'URL, dei contenuti e delle immagini. L'ottimizzazione on-page è essenziale per la creazione di un sito web ben strutturato e facile da navigare per gli utenti e per i motori di ricerca.

Il SEO off-page, invece, si riferisce all'ottimizzazione di fattori esterni al sito web, come i link in entrata. I link in entrata sono i link che provengono da altri siti web e che puntano al tuo sito. Questi link sono importanti perché i motori di ricerca li utilizzano per determinare l'autorità e la popolarità del tuo sito web. Più link in entrata di qualità hai, maggiore sarà la tua autorità agli occhi dei motori di ricerca.

Oltre al SEO on-page e off-page, ci sono anche altre tecniche di

SEO che puoi utilizzare per migliorare il posizionamento del tuo sito web. Queste tecniche includono la ricerca delle parole chiave, l'ottimizzazione del contenuto, la creazione di backlink di qualità, la partecipazione ai social media e la creazione di contenuti di alta qualità.

In definitiva, il SEO è un aspetto fondamentale del marketing digitale, che può aiutare le aziende a migliorare la visibilità del loro sito web e a raggiungere il loro pubblico di riferimento. Con l'aiuto di tecniche di SEO ben strutturate e una buona strategia di marketing digitale, puoi ottenere un posizionamento elevato sui motori di ricerca e attirare traffico di qualità al tuo sito web.

STORIA DEL SEO

Il SEO, o ottimizzazione per i motori di ricerca, ha una lunga e interessante storia. È nato negli anni '90, quando i primi motori di ricerca come Altavista, Yahoo! e Google hanno iniziato ad apparire sul web.

Inizialmente, i motori di ricerca si basavano su semplici algoritmi di ricerca che esaminavano il contenuto delle pagine web per trovare parole chiave. Tuttavia, questo sistema era facilmente manipolabile, e molte persone hanno iniziato a creare pagine web piene di parole chiave per ottenere un ranking più alto nei motori di ricerca.

Per contrastare questa pratica, i motori di ricerca hanno iniziato a sviluppare algoritmi più sofisticati che consideravano anche altri fattori, come la qualità dei link in entrata e la pertinenza dei contenuti. Questi algoritmi sono diventati sempre più complessi negli anni, rendendo sempre più difficile manipolare i risultati di ricerca.

Nel corso degli anni, il SEO è diventato sempre più importante per le aziende che cercano di attirare traffico al loro sito web. Gli esperti di marketing hanno iniziato a dedicarsi alla creazione di contenuti di alta qualità, alla costruzione di link di alta qualità e alla creazione di siti web ben strutturati per migliorare il loro ranking nei motori di ricerca.

Negli ultimi anni, il SEO ha subito ulteriori evoluzioni. I motori di ricerca hanno iniziato a prendere in considerazione anche la qualità dell'esperienza dell'utente, come la velocità di caricamento del sito web e la facilità d'uso. Inoltre, il crescente utilizzo di dispositivi mobili ha portato alla necessità di siti web che siano ottimizzati per i dispositivi mobili.

In sintesi, la storia del SEO riflette l'evoluzione della tecnologia e del marketing digitale nel corso degli anni. Sebbene sia diventato sempre più complesso nel tempo, il SEO rimane uno strumento essenziale per le aziende che cercano di attirare traffico di qualità al loro sito web.

MOTIVAZIONI PER FARE SEO

Ci sono molte motivazioni per fare SEO, e molte aziende investono notevoli risorse nella loro strategia di ottimizzazione dei motori di ricerca. Qui di seguito ne esploreremo alcune delle ragioni principali per cui dovresti considerare di fare SEO per il tuo sito web.

Incremento del traffico

Uno dei principali vantaggi del SEO è che può portare traffico di qualità al tuo sito web. Gli utenti che arrivano al tuo sito web tramite i motori di ricerca sono generalmente già interessati ai tuoi prodotti o servizi, il che significa che sono potenziali clienti. Inoltre, se il tuo sito web è ben ottimizzato, avrai maggiori probabilità di apparire nei primi risultati dei motori di ricerca, il che aumenta ulteriormente le tue possibilità di ricevere traffico.

Incremento delle vendite

Aumentando il traffico al tuo sito web, puoi anche aumentare le vendite dei tuoi prodotti o servizi. Inoltre, se il tuo sito web è ben ottimizzato, i visitatori avranno maggiori probabilità di rimanere sul tuo sito web e di effettuare un acquisto.

Miglioramento dell'esperienza dell'utente

Ottimizzare il tuo sito web per i motori di ricerca non significa solo migliorare il tuo ranking, ma anche migliorare l'esperienza dell'utente. Ciò significa che il tuo sito web sarà più facile da navigare, più veloce e più facile da usare per i visitatori.

Miglioramento dell'autorità del sito web

Ottimizzando il tuo sito web per i motori di ricerca, puoi anche migliorare l'autorità del tuo sito web. Ciò significa che gli altri siti web saranno più propensi a linkare al tuo sito web, il che a sua volta può portare a un miglioramento del tuo ranking nei motori di ricerca.

Riduzione dei costi di marketing

Il SEO può anche essere un modo efficace per ridurre i costi di marketing. A differenza della pubblicità online, il SEO non richiede un investimento continuo per mantenere i risultati. Una volta che hai raggiunto un buon ranking nei motori di ricerca, puoi mantenere questo posizionamento con una strategia di ottimizzazione regolare.

In sintesi, il SEO può portare molti vantaggi al tuo sito web e alla tua attività. Tuttavia, è importante ricordare che l'ottimizzazione dei motori di ricerca richiede tempo, sforzo e pazienza. Se sei disposto a investire in una strategia di SEO a lungo termine, potrai godere dei vantaggi che questa tecnica di marketing può offrire.

IL FUNZIONAMENTO DEI MOTORI DI RICERCA

Il funzionamento dei motori di ricerca è un processo complesso che coinvolge molte variabili e fattori. In generale, i motori di ricerca utilizzano degli algoritmi per indicizzare e valutare i siti web, in modo da determinare la loro rilevanza rispetto alle parole chiave cercate dagli utenti.

Quando un utente cerca una parola chiave su un motore di ricerca, il motore di ricerca esegue una ricerca nell'indice dei siti web che ha indicizzato. L'indice è un database di siti web che il motore di ricerca ha analizzato e classificato in base alla loro rilevanza rispetto alle parole chiave.

L'algoritmo del motore di ricerca analizza quindi tutti i siti web nell'indice e determina quali sono i più rilevanti per la parola chiave cercata dall'utente. Questo processo avviene in pochi secondi e il motore di ricerca restituisce i risultati della ricerca all'utente in ordine di rilevanza.

La valutazione della rilevanza di un sito web da parte dei motori di ricerca si basa su diversi fattori, tra cui la pertinenza dei contenuti, la qualità dei link in entrata, la struttura del sito web e l'esperienza dell'utente.

La pertinenza dei contenuti è un fattore fondamentale per il posizionamento di un sito web nei motori di ricerca. Il motore di ricerca valuta la pertinenza dei contenuti in base alla presenza delle parole chiave nel testo del sito web, nei titoli delle pagine, nei tag meta e in altri elementi del sito.

La qualità dei link in entrata è un altro fattore importante per il posizionamento di un sito web nei motori di ricerca. I link in entrata sono i link provenienti da altri siti web che puntano al tuo sito web. Più alto è il numero di link in entrata e più alta è la qualità di questi link, maggiori sono le probabilità che il tuo sito web abbia un alto posizionamento nei motori di ricerca.

La struttura del sito web è un altro fattore importante per il posizionamento nei motori di ricerca. Un sito web ben strutturato con un'organizzazione logica delle pagine e dei contenuti, una buona navigazione e una struttura URL chiara e comprensibile, ha maggiori probabilità di avere un alto posizionamento nei motori di ricerca.

L'esperienza dell'utente è un fattore sempre più importante per il posizionamento nei motori di ricerca. Un sito web con una buona esperienza utente, che si carica rapidamente, che è facile da navigare e che offre contenuti di alta qualità, ha maggiori probabilità di essere posizionato in alto nei motori di ricerca.

In sintesi, il funzionamento dei motori di ricerca è un processo complesso che coinvolge molti fattori. Per posizionarsi in alto nei motori di ricerca, è importante lavorare su tutti questi fattori in modo strategico, ottimizzando il sito web per le parole chiave giuste e fornendo contenuti di alta qualità e un'esperienza utente ottimale.

LA RICERCA DELLE PAROLE CHIAVE

La ricerca delle parole chiave è un elemento fondamentale per una strategia di SEO efficace. Le parole chiave sono i termini che gli utenti digitano nei motori di ricerca per cercare informazioni, prodotti o servizi correlati al tuo business. Trovare le parole chiave giuste per il tuo sito web ti aiuterà a raggiungere il tuo pubblico di riferimento e a migliorare il tuo ranking nei motori di ricerca.

Ecco alcuni suggerimenti per trovare le parole chiave giuste per il tuo sito web:

- Comincia dalla tua nicchia di mercato: Cerca di identificare le parole chiave che sono rilevanti per la tua attività e per il tuo pubblico di riferimento. Ad esempio, se sei un ristorante italiano, potresti utilizzare parole chiave come "ristorante italiano", "cucina italiana", "pasta fresca" o "piatti tipici italiani".
- Utilizza gli strumenti di ricerca delle parole chiave: Ci sono molti strumenti gratuiti e a pagamento che ti permettono di identificare le parole chiave più popolari e pertinente per il tuo settore. Google AdWords Keyword Planner è uno degli strumenti più utilizzati per la ricerca delle parole chiave.
- Analizza i tuoi competitor: Analizza i siti web dei tuoi competitor e scopri quali parole chiave stanno utilizzando per il loro SEO. Questo ti darà un'idea delle

parole chiave più efficaci per il tuo sito web.

- Usa la lunga coda: Utilizza parole chiave più specifiche e meno popolari, dette "long tail". Queste parole chiave sono meno competitive e ti aiuteranno a raggiungere un pubblico più mirato e interessato ai tuoi prodotti o servizi.

Una volta che hai identificato le parole chiave giuste per il tuo sito web, è importante utilizzarle in modo strategico. Assicurati di inserirle nei titoli delle pagine, nelle descrizioni meta e nei contenuti del sito web, ma senza esagerare e senza utilizzare tecniche di keyword stuffing. L'uso eccessivo di parole chiave può essere penalizzato dai motori di ricerca e può compromettere il tuo ranking.

Infine, ricorda che la ricerca delle parole chiave è un processo continuo. Monitora regolarmente il tuo ranking nei motori di ricerca e aggiorna le tue parole chiave in base ai risultati che ottieni. In questo modo, potrai mantenere il tuo sito web rilevante e competitivo nel tempo.

COME OTTIMIZZARE IL SITO PER LE PAROLE CHIAVE

Le parole chiave sono uno degli elementi fondamentali del SEO. Si tratta di parole o frasi che gli utenti digitano nei motori di ricerca per trovare informazioni su un determinato argomento. Inserire le parole chiave giuste nel tuo sito web può aiutare a migliorare il tuo ranking nei motori di ricerca e ad aumentare la visibilità del tuo sito web.

Ma come scegliere le parole chiave giuste per il tuo sito web e come ottimizzare il tuo sito web per queste parole chiave?

Effettua una ricerca delle parole chiave

La prima cosa da fare è effettuare una ricerca delle parole chiave. Ci sono diversi strumenti online che puoi utilizzare per questo, come Google Keyword Planner, Ahrefs e SEMrush. Questi strumenti ti aiuteranno a identificare le parole chiave più popolari per il tuo settore.

Una volta che hai identificato le parole chiave giuste, dovrai incorporarle strategicamente nel tuo sito web.

Utilizza le parole chiave nei titoli e nei contenuti

Le parole chiave dovrebbero essere inserite nei titoli delle pagine del tuo sito web e nei contenuti. Tuttavia, è importante farlo in modo naturale e coerente, evitando di riempire i tuoi contenuti di parole chiave in modo forzato.

Inserisci le parole chiave nei titoli delle pagine, nei sottotitoli e nel testo dei paragrafi in modo che i motori di ricerca possano capire di cosa tratta la tua pagina.

Crea contenuti di qualità

Per posizionarti bene nei motori di ricerca, non basta inserire semplicemente le parole chiave nei tuoi contenuti. Dovrai anche creare contenuti di qualità che siano pertinenti per gli utenti e rispondano alle loro esigenze di informazione.

Scrivi contenuti originali e utili per i tuoi utenti, che rispondano alle loro domande e che siano in grado di risolvere i loro problemi.

Utilizza le meta description

La meta description è una breve descrizione che appare sotto il titolo della pagina nei risultati di ricerca. Questa descrizione dovrebbe includere le parole chiave pertinenti alla tua pagina e una breve descrizione del contenuto della pagina.

Assicurati di creare meta description uniche per ogni pagina del tuo sito web e di utilizzare le parole chiave in modo coerente.

Ottimizza le immagini

Le immagini sono un elemento importante del tuo sito web e possono influenzare il tuo ranking nei motori di ricerca. Assicurati di utilizzare immagini di alta qualità e di inserire le parole chiave nei nomi dei file delle immagini e nei tag alt.

Conclusione

Ottimizzare il tuo sito web per le parole chiave è un passo importante per migliorare il tuo ranking nei motori di ricerca. Seguendo questi consigli, potrai identificare le parole chiave giuste per il tuo sito web e inserirle strategicamente nei tuoi contenuti, migliorando così la visibilità del tuo sito web e attirando più traffico di qualità.

LA COSTRUZIONE DI LINK

La costruzione di link è uno degli aspetti più importanti del SEO. Consiste nel creare link in entrata al tuo sito web da altre fonti esterne, come altri siti web, blog e social media.

Il link building può aiutare a migliorare il posizionamento del tuo sito web nei risultati di ricerca perché i motori di ricerca utilizzano i link in entrata come un indicatore di qualità e affidabilità del tuo sito web.

Tuttavia, non tutti i link sono uguali. I link di alta qualità provenienti da siti web affidabili e pertinenti sono molto più efficaci dei link di bassa qualità provenienti da siti web non affidabili o non pertinenti.

Ci sono diverse strategie di link building che puoi utilizzare per migliorare il posizionamento del tuo sito web. Alcune delle strategie più comuni includono la creazione di contenuti di alta qualità e di valore che attirano naturalmente link in entrata, la partecipazione attiva in forum e comunità online pertinenti al tuo settore e l'utilizzo di guest post su siti web affidabili e pertinenti.

Tuttavia, è importante essere consapevoli che il link building può essere un processo lungo e impegnativo. Non puoi semplicemente creare un link in entrata e aspettarti di vedere un aumento immediato nel posizionamento del tuo sito web nei risultati di ricerca.

Inoltre, è importante evitare di utilizzare tecniche di link building che violano le linee guida dei motori di ricerca, come l'acquisto di link o la partecipazione a schemi di link farming. Queste pratiche possono causare sanzioni da parte dei motori di ricerca e danneggiare gravemente il posizionamento del tuo sito web nei risultati di ricerca.

Per costruire link di alta qualità e migliorare il posizionamento del tuo sito web nei risultati di ricerca, è necessario adottare una strategia di link building ben pianificata e sostenibile. In questo modo, puoi garantire che i tuoi sforzi di link building siano efficaci e non dannosi per il tuo sito web.

LA CREAZIONE DI CONTENUTI OTTIMIZZATI

La creazione di contenuti ottimizzati è un aspetto fondamentale del SEO. I contenuti di alta qualità non solo aiutano a migliorare il ranking del tuo sito web nei motori di ricerca, ma anche ad attirare visitatori di qualità al tuo sito web e a fidelizzare i clienti esistenti.

Ecco alcuni consigli su come creare contenuti ottimizzati per il tuo sito web:

- Scegli le parole chiave giuste: La ricerca delle parole chiave è un processo importante per identificare quali parole o frasi le persone usano per cercare informazioni correlate ai tuoi prodotti o servizi. Una volta identificate le parole chiave, è possibile integrarle nei tuoi contenuti in modo naturale e coerente.
- Scrivi contenuti di alta qualità: I contenuti di alta qualità sono quelli che sono interessanti, informativi e rilevanti per il tuo pubblico di riferimento. Scrivi contenuti originali che rispondono alle domande dei tuoi clienti e offrono soluzioni ai loro problemi.
- Utilizza un linguaggio semplice e chiaro: Evita di utilizzare un linguaggio troppo tecnico o complicato che potrebbe risultare incomprensibile per il tuo pubblico di riferimento. Scrivi in modo semplice e chiaro,

utilizzando frasi brevi e paragrafi ben strutturati.

- Utilizza immagini e video: Gli elementi visivi come le immagini e i video possono rendere i tuoi contenuti più interessanti e coinvolgenti per il tuo pubblico. Assicurati di utilizzare immagini e video di alta qualità e di integrarli nel tuo contenuto in modo coerente.
- Includi link interni ed esterni: L'inserimento di link interni ed esterni nei tuoi contenuti può migliorare la navigazione del tuo sito web e fornire ai tuoi visitatori informazioni utili e pertinenti.
- Ottimizza il tuo contenuto per i motori di ricerca: Utilizza le parole chiave in modo strategico nel tuo contenuto, come nel titolo, nelle intestazioni e nel testo del corpo. Inserisci anche meta tag, descrizioni e titoli ottimizzati per i motori di ricerca.

In sintesi, la creazione di contenuti ottimizzati è un aspetto importante del SEO che richiede tempo e attenzione ai dettagli. Utilizzando i consigli sopra elencati, puoi creare contenuti di alta qualità che migliorano il ranking del tuo sito web nei motori di ricerca e attirano traffico di qualità al tuo sito web.

L'IMPORTANZA DEI SOCIAL MEDIA

I social media hanno rivoluzionato il modo in cui le persone interagiscono tra di loro e con le aziende. Per le aziende, i social media offrono una grande opportunità per raggiungere un pubblico vasto e di diversi tipi, creare relazioni significative con i clienti esistenti e potenziali, e migliorare la loro reputazione online.

Ci sono molti motivi per cui i social media sono importanti per l'ottimizzazione dei motori di ricerca (SEO). In primo luogo, i social media possono aiutare a migliorare la visibilità del tuo sito web nei motori di ricerca. I social media possono fornire ai motori di ricerca ulteriori informazioni sul tuo marchio e sulle tue attività, aumentando la probabilità che il tuo sito web venga classificato più in alto nei risultati di ricerca.

In secondo luogo, i social media possono aiutare a migliorare la reputazione online della tua azienda. Attraverso i social media, puoi interagire con i tuoi clienti e rispondere alle loro domande e commenti in tempo reale. Questo può aiutare a costruire un rapporto positivo con i tuoi clienti, migliorando la tua reputazione online.

Inoltre, i social media possono aiutare a generare traffico al tuo sito web. Puoi condividere i tuoi contenuti sui social media, incoraggiando i tuoi follower a visitare il tuo sito web. In questo modo, i social media possono aiutare a migliorare il tuo ranking nei motori di ricerca e aumentare il traffico di qualità al tuo sito web.

Per utilizzare i social media in modo efficace per l'ottimizzazione dei motori di ricerca, è importante creare contenuti di alta qualità che possano essere condivisi sui social media. Inoltre, dovresti interagire con i tuoi follower sui social media e rispondere ai loro commenti e domande.

In sintesi, i social media sono diventati un'importante parte dell'ottimizzazione dei motori di ricerca e delle strategie di marketing digitale. Utilizzando i social media in modo strategico, puoi migliorare la visibilità del tuo sito web nei motori di ricerca, costruire una reputazione positiva online e generare traffico di qualità al tuo sito web.

GLI STRUMENTI
PER IL SEO

Il SEO è una disciplina complessa che richiede molte competenze e conoscenze tecniche. Per aiutare i professionisti del marketing a ottimizzare il loro sito web per i motori di ricerca, ci sono molti strumenti disponibili.

In questo capitolo, esploreremo alcuni degli strumenti più utili per il SEO e come utilizzarli per migliorare il tuo posizionamento nei motori di ricerca.

Google Analytics

Google Analytics è uno strumento gratuito offerto da Google che ti consente di monitorare il traffico del tuo sito web e di analizzare il comportamento degli utenti. Con Google Analytics, puoi vedere quante persone visitano il tuo sito web, da dove vengono e quali pagine visitano.

Inoltre, puoi utilizzare Google Analytics per monitorare le conversioni sul tuo sito web, come il numero di persone che completano un acquisto o compilano un modulo di contatto. Questi dati sono essenziali per capire come migliorare l'esperienza degli utenti sul tuo sito web e aumentare le conversioni.

Google Search Console

Google Search Console è un altro strumento gratuito offerto da Google che ti consente di monitorare la presenza del tuo sito web nei risultati di ricerca di Google. Con Search Console, puoi vedere quali parole chiave sono utilizzate per trovare il tuo sito web e monitorare il posizionamento del tuo sito web per queste parole chiave.

Inoltre, Search Console ti consente di identificare eventuali errori o problemi tecnici sul tuo sito web che potrebbero impedire ai motori di ricerca di indicizzare correttamente le tue pagine.

SEMrush

SEMrush è uno strumento a pagamento che ti consente di eseguire una ricerca approfondita sulle parole chiave, analizzare la concorrenza e monitorare il tuo posizionamento nei motori di ricerca. Con SEMrush, puoi vedere quali parole chiave sono utilizzate dai tuoi concorrenti e quali sono le parole chiave più efficaci per il tuo sito web.

Inoltre, puoi utilizzare SEMrush per monitorare la presenza del tuo sito web nei risultati di ricerca di Google e identificare eventuali problemi tecnici che potrebbero impedire ai motori di ricerca di indicizzare correttamente le tue pagine.

Moz Pro

Moz Pro è un altro strumento a pagamento che ti consente di monitorare il tuo posizionamento nei motori di ricerca e analizzare la concorrenza. Con Moz Pro, puoi vedere quali parole chiave sono utilizzate dai tuoi concorrenti e quali sono le parole chiave più efficaci per il tuo sito web.

Inoltre, Moz Pro ti consente di monitorare il tuo posizionamento nei motori di ricerca per le parole chiave selezionate e di identificare eventuali problemi tecnici che potrebbero impedire ai motori di ricerca di indicizzare correttamente le tue pagine.

In conclusione, ci sono molti strumenti disponibili per aiutarti a ottimizzare il tuo sito web per i motori di ricerca. Utilizzando questi strumenti in modo strategico, puoi migliorare il tuo posizionamento nei motori di ricerca, aumentare la visibilità del tuo sito web e attrarre traffico di qualità al tuo sito web.

COME TENERE TRACCIA DEI RISULTATI DEL SEO

Una volta che hai iniziato a implementare le tue strategie di SEO, è importante tenere traccia dei risultati. Monitorare le metriche del tuo sito web ti aiuterà a capire cosa sta funzionando e cosa non sta funzionando nella tua strategia di SEO.

Ecco alcune metriche importanti da tenere d'occhio:

- Posizione nei motori di ricerca: Uno dei modi più ovvi per vedere se la tua strategia di SEO sta funzionando è monitorare la posizione del tuo sito web nei motori di ricerca per le parole chiave di destinazione. Puoi utilizzare strumenti come Google Search Console o Ahrefs per monitorare le tue posizioni nei motori di ricerca.

- Traffico organico: Monitorare il traffico organico è un'altra metrica importante da tenere d'occhio. Se la tua strategia di SEO sta funzionando, dovresti vedere un aumento del traffico organico al tuo sito web. Puoi utilizzare strumenti come Google Analytics per monitorare il tuo traffico organico.

- Tasso di rimbalzo: Il tasso di rimbalzo si riferisce al numero di visitatori del sito web che lasciano immediatamente il tuo sito web dopo aver visitato una sola pagina. Un alto tasso di rimbalzo può indicare che il tuo sito web non è abbastanza coinvolgente o che i visitatori non trovano ciò che cercano. Monitorare il tasso di rimbalzo ti aiuterà a capire se devi apportare modifiche alla tua strategia di SEO.

- Conversioni: Infine, le conversioni sono un'altra metrica importante da monitorare. Se il tuo obiettivo principale è aumentare le vendite o le conversioni, dovresti monitorare le tue conversioni per vedere se la tua strategia di SEO sta portando i risultati desiderati.

Per monitorare queste metriche, puoi utilizzare strumenti come Google Search Console, Ahrefs, SEMrush, Moz e Google Analytics. Tuttavia, è importante notare che ci possono essere alcune differenze nei dati forniti da queste diverse fonti, quindi è importante considerare le varie fonti di dati e fare un'analisi comparativa.

Inoltre, tieni presente che i risultati del SEO non sono immediati. Potrebbero essere necessari mesi o addirittura anni per vedere i risultati desiderati, a seconda del tuo settore e della concorrenza. Quindi, non scoraggiarti se non vedi un immediato aumento del traffico o delle conversioni. Continua a lavorare sulla tua strategia di SEO e monitora regolarmente le metriche del tuo sito web per capire cosa sta funzionando e cosa non sta funzionando.

LA GESTIONE DEGLI ERRORI COMUNI

Nel capitolo precedente abbiamo parlato dei fattori di ranking del SEO e di come ottimizzare il tuo sito web per i motori di ricerca. In questo capitolo, parleremo della gestione degli errori comuni che possono verificarsi durante il processo di ottimizzazione.

Gli errori di SEO possono essere costosi e influenzare negativamente il tuo ranking nei motori di ricerca. Ecco alcuni degli errori più comuni da evitare:

- Keyword stuffing: utilizzare troppe parole chiave all'interno del contenuto può essere dannoso per il tuo sito web. Google penalizza i siti web che utilizzano questa tecnica in modo eccessivo, quindi assicurati di utilizzare le parole chiave in modo naturale e coerente.
- Contenuti duplicati: pubblicare contenuti duplicati su diverse pagine del tuo sito web può essere dannoso per il tuo ranking nei motori di ricerca. Assicurati di creare contenuti originali e unici per ogni pagina del tuo sito web.
- Link non funzionanti: i link non funzionanti o rotte possono influire negativamente sulla user experience dei visitatori del tuo sito web e compromettere il tuo ranking nei motori di ricerca. Assicurati di testare regolarmente tutti i link del tuo sito web per garantire che siano funzionanti.

- Titoli e descrizioni non pertinenti: i titoli e le descrizioni delle pagine del tuo sito web sono importanti per il ranking nei motori di ricerca. Assicurati che siano pertinenti e descrittivi, in modo da aiutare i motori di ricerca a capire di cosa parla la tua pagina.
- Pagine troppo lente: la velocità di caricamento delle pagine del tuo sito web è importante per la user experience e per il ranking nei motori di ricerca. Assicurati che le tue pagine si caricano rapidamente per non perdere visitatori.

Per evitare questi errori, è importante prestare attenzione ai dettagli e lavorare con attenzione durante il processo di ottimizzazione del tuo sito web. Monitora regolarmente le performance del tuo sito web e fai le modifiche necessarie per migliorare il tuo ranking nei motori di ricerca e fornire una user experience di alta qualità ai tuoi visitatori.

STRATEGIE AVANZATE DI SEO

Nel capitolo precedente, abbiamo parlato dei fattori di ranking del SEO e delle tecniche di base per ottimizzare il tuo sito web per i motori di ricerca. In questo capitolo, esploreremo alcune delle strategie avanzate di SEO che puoi utilizzare per migliorare il posizionamento del tuo sito web nei risultati di ricerca.

Analisi della concorrenza

Un'analisi della concorrenza ti aiuta a capire come si posiziona il tuo sito web rispetto a quelli dei tuoi concorrenti. In questo modo, puoi identificare le loro tecniche di SEO e trovare modi per migliorare la tua strategia di ottimizzazione dei motori di ricerca.

Ci sono molte strumenti online gratuiti e a pagamento che puoi utilizzare per eseguire un'analisi della concorrenza. Alcuni dei più popolari includono SEMrush, Ahrefs e Moz.

Link building

La costruzione di link è una delle tecniche di SEO più importanti ed efficaci. Tuttavia, per avere successo, devi creare link di alta qualità e pertinenti. Ciò significa che devi evitare di acquistare link in modo fraudolento o di costruire link da siti web di bassa qualità.

Invece, cerca di creare link naturalmente, creando contenuti di alta qualità che attirino i link di altri siti web. Inoltre, cerca di costruire relazioni con altri siti web del tuo settore, in modo che possano linkare al tuo sito web.

Contenuti di alta qualità

I contenuti di alta qualità sono fondamentali per il SEO. Quando crei contenuti di alta qualità, gli utenti e i motori di ricerca trovano il tuo sito web utile e rilevante. Ciò aumenta le probabilità di ottenere link in entrata e migliorare il tuo posizionamento nei risultati di ricerca.

Inoltre, i contenuti di alta qualità possono aiutare a costruire la tua autorità nel tuo settore e a farti distinguere dalla concorrenza.

Ottimizzazione per la ricerca vocale

La ricerca vocale sta diventando sempre più popolare, grazie all'uso di assistenti virtuali come Alexa e Siri. Per ottimizzare il tuo sito web per la ricerca vocale, dovresti creare contenuti conversazionali e includere domande frequenti nel tuo sito web.

Inoltre, assicurati che il tuo sito web sia compatibile con i dispositivi mobili, poiché la maggior parte delle ricerche vocali viene effettuata su smartphone.

In conclusione, queste sono alcune delle strategie avanzate di SEO che puoi utilizzare per migliorare il posizionamento del tuo sito web nei risultati di ricerca. Tuttavia, ricorda che l'ottimizzazione dei motori di ricerca è un processo continuo e che richiede tempo e pazienza per ottenere i risultati desiderati.

DOMANDE FREQUENTI SUL SEO

Nel corso di questo libro abbiamo esplorato molti aspetti del SEO, ma è normale avere ancora alcune domande. In questo capitolo risponderemo alle domande più frequenti sul SEO.

Cos'è il SEO?

Il SEO, acronimo di Search Engine Optimization, è l'insieme di tecniche e strategie utilizzate per migliorare il posizionamento di un sito web nei motori di ricerca.

Quali sono i vantaggi del SEO?

Il SEO offre molti vantaggi per i proprietari di siti web, tra cui un maggior traffico di qualità al sito web, una maggiore visibilità e credibilità online e un aumento delle vendite.

Quanto tempo ci vuole per vedere i risultati del SEO?

Il tempo necessario per vedere i risultati del SEO dipende da molti fattori, tra cui il livello di concorrenza delle parole chiave scelte e la qualità delle attività di SEO effettuate. In genere, i risultati possono essere visibili dopo qualche settimana o anche mesi.

Quali sono le attività di SEO più importanti?

Le attività di SEO più importanti includono la ricerca delle parole chiave, l'ottimizzazione dei contenuti, la creazione di link in entrata di qualità e l'ottimizzazione della struttura del sito web.

Cosa sono le parole chiave?

Le parole chiave sono le parole o le frasi che gli utenti digitano nei motori di ricerca per trovare informazioni su un determinato argomento.

Come posso scegliere le parole chiave giuste per il mio sito web?

Per scegliere le parole chiave giuste per il tuo sito web, devi fare una ricerca di mercato per capire cosa cercano gli utenti in relazione al tuo business. Dovresti anche considerare la concorrenza per ogni parola chiave e scegliere quelle meno competitive ma ancora rilevanti per il tuo business.

Quali sono le tecniche di link building?

Le tecniche di link building includono la creazione di contenuti di qualità che possono essere condivisi e linkati da altri siti web, la partecipazione a community online e la collaborazione con altri siti web per ottenere link in entrata.

Posso fare SEO da solo o devo assumere un professionista?

Puoi fare SEO da solo, ma richiede tempo e competenze specifiche. Se non hai le competenze necessarie o hai poco tempo, potresti considerare l'assunzione di un professionista di SEO.

Quali sono le pratiche di SEO da evitare?

Le pratiche di SEO da evitare includono l'utilizzo di tecniche di spamming, la creazione di link in entrata di bassa qualità e la copia di contenuti da altri siti web.

Come posso monitorare i risultati del mio SEO?

Puoi monitorare i risultati del tuo SEO utilizzando strumenti di analisi come Google Analytics. Questi strumenti ti permettono di monitorare il traffico al tuo sito web, la posizione nei motori di ricerca e altri dati importanti.